마돈나를 위하여

원구식 시집

시인의 말

    나는 내 자신에 대해 지극히 소홀하거나 끔찍이 철저해서 지난 15년 간 30편의 시밖에 쓰지 못했다. 1년에 2편 정도밖에 써내지 못했으니, 시인으로선 과작이랄 수밖에 없다. 그러나 내게는 이것도 많은 것이다. 나는 이 시들을 끊임없이 고치고 고쳐서 오늘에 이르렀다. 순간에 부른 노래도 있지만, 대부분의 시편들은 한 편을 쓰는 데 적어도 몇 년씩은 걸린 것들이다. 몇 편의 시들은 이삼십 년에 걸쳐 끊임없는 퇴고를 거듭하였다. 때문에 그동안 발표된 작품들과 제목이나 내용이 다른 부문들이 적지 않다. 이번에 바로잡았으니 이 시집이 나의 시의 정본이다.

    나는 이 시집을 마돈나에게 바친다. 그 까닭은 내가 진심으로 그녀를 사랑하기 때문이고, 그녀가 성의 분배를 통해 세상을 공평하게 만들기 때문이다.

    이 시집에 수록된 시편들은 내 자신의 홀대 속에 너무 오래 어둠 속에 묻혀 있었다. 시 한 편 한 편 마침표와 쉼표를 분명하게 찍어 세상에 내보내니, 무심한 주인을 떠나 세상의 가장 낮은 곳에서 하늘의 별이 되거라.

2007년 9월
원구식

차 례

● 시인의 말

제1부
연천 가는 길

성난 돼지감자 ──── 11
연천 가는 길 ──── 12
연천으로의 몰입을 위해선
낡은 경원선이 필요하다 ──── 15
거머리 ──── 19
추억의 1학년 3반 ──── 20
신부 ──── 25
껍질의 노래 ──── 29

제2부
마돈나를 위하여

상처의 힘 —————— 33
털 ———— 34
마돈나를 위하여 —————— 37
싹 ———— 43
피는 꽃의 말 —————— 44
치정 ———— 46
지상의 낙원 —————— 48
서울야곡 2002 —————— 53

제3부

우주는 나의 감옥

정밀한 숲 ──── 59
우주는 나의 감옥 ──── 60
나는 방황의 야전 사령관 ──── 62
네안데르탈 ──── 64
성스러운 필터를 위하여 ──── 69
빙산 ──── 73

제4부

헤겔의 왈츠

별 ——— 77
조용한 물 ——— 78
들어올림에 대하여 ——— 81
해방촌 ——— 85
나는 열두시 때문에 시계를 차지 않는다 ——— 87
낡은 교과서 ——— 89
헤겔의 왈츠 ——— 90
백두대간에 올라 한반도를 노래하다 ——— 95

■ 원구식의 시세계 | 권혁웅 ——— 98

제1부
연천 가는 길

성난 돼지감자

나는 걸신들린 여우처럼 산비탈에서 야생의 돼지감자를 캐 먹는다. 먹으면 혀가 아리고, 열이 나고, 몸이 가려운 돼지감자. 독을 품은 돼지감자. 살아남기 위해선 누구든, 야생의 돼지감자처럼 자신의 가장 소중한 삶의 줄기에 독을 품지 않으면 안 된다. 나는 세상을 향해 외친다. 나 돼지감자야. 어디한번 씹어 봐. 먹어, 먹으라니까. 그러나 나는 가짜 돼지감자. 독도 없으면서 있는 체 하는 가짜 돼지감자. 우리는 모두 가짜 돼지감자. 길들은, 교육받은, 그리하여 녹말이 다 빠진, 착한, 힘이 없는, 꼭꼭 씹히는, 그러나 성난,

연천 가는 길

연천 가는 길은
다른 길과 조금도 다르지 않다.
세상의 모든 길이
길로 연결되어 있다는 평범한 사실을
나는 여기서 발견했다.
나는 이 길에서 몇 편의 괜찮은 시를 썼는데
이 시들 역시 내가
다른 길에서 쓴 것과 크게 다르지 않다.
가끔 먼지를 뿌리며 지나는 버스도
그 먼지를 받아내는 길가의 잡목들도
다른 길과 마찬가지다.
날이 저물어 땅거미가 내리면
이 길은 섬뜩할 만큼이나 다른 길과 똑같아진다.
어둠이 고집 센 염소처럼
딱 버티어 서서
그 어떤 길도 이 길과 다름을 인정하지 않는다.
바로 그때, 산자를 예외없이
죽음으로 몰고가는 시간이 다가온다.
보라, 더 이상 평범할 수 없는 이 길이
자신을 스쳐간 바큇자국을

하나도 빠짐없이 모조리 기억해내는 것을.
추억을 신문지처럼 구겨버리고
도망치듯 연천을 떠났지만
이 길에서 결코 벗어날 수 없음을 나는 알지 못했다.
다른 길과 조금도 다르지 않음으로써
저 홀로 독립된 공화국 연천,
거기 내 아버지의 무덤이 있다.

연천으로의 몰입을 위해선
낡은 경원선이 필요하다

나는 가끔
낡은 경원선처럼 덜거덕거린다.
이미 퇴출당한 이 열차는
경원선보다 후진 노선에서
아직도 덜거덕거리고 있을 것이다.
내가 갑자기 말을 더듬고
행동이 어눌해지며 덜거덕거리는 것은
순전히 이 열차 때문이다.
부끄러운 이야기지만
나는 이 열차의 화물칸에서
인생의 모든 것을 배웠다.
처음으로 연애를 했고
담배를 피웠으며
특별한 이유없이
병적으로 싸움에 몰두했었다.
치졸하기 짝이 없는 연애는
순식간에 끝났지만
나는 꽤나 진지했었다.
열차 안에는 많은 아주머니들이
단속원들의 눈길을 피해

과일 행상을 했는데
그네들은 한결같이 친구들의 어머니였다.
'절망에 기초하지 않는 삶은 없다'
이것은 그때 어머님들이
내게 일러준 삶의 교훈이다.
어리석게도 나는
덜거덕거리는 이 열차가
희망으로 가는 유일한 비상구였음을
깨닫지 못했었다.
하라는 공부는 하지 않고
껄떡거리며
열차를 주름잡았지만
어머님들의 불쌍한 눈길이 없었던들
내 삶은 일찍이 끝났었는지도 모른다.
나는 그저
책가방을 옆구리에 끼고 내리는
늦은 저녁의 연천이 싫었다.
노모가 기다리는
왜소한 내 정체가 순식간에 드러나는
연천이 나는 무조건 싫었다.

머리 속은 온통

익명으로 존재하는 경원선뿐이었다.

나는 지금도

낡은 경원선처럼 덜거덕거린다.

그럴 때마다 내가

본능적으로 몰입하는 연천엔

묻어버리고 싶은 과거가

아직도 살아 있다.

영원히 간직하고 싶었던 특별한 밤을 버리고

도망치듯 떠났던 눈물의 정거장이

희미한 가로등 아래

눈을 뜨고 있다.

거머리
— 한탄강 2

1

아버지는 계속 딴 말만 하시더라.
논뚝 위에 허옇게 배를 내놓고 죽은 지렁이. 아버지는 그걸 자꾸 거머리라 우기시더라. 하긴 날품보다 지독한 거머리논, 거기서 닳아빠진 손톱과 흘린 피를 생각하면 그러실 만도 하겠더라. 그날밤, 아버지는 논배미를 빠져나가는 한 사발의 피를 보고 비명을 지르시더라.
— 이놈아, 내 피 내놓아라, 내 피!

2

그럼 그렇구말구요.
아버지 말씀이 옳구 말구요. 거머리 같은 자식놈이 어찌 아버지 마음을 헤아릴까요. 모기들이 살을 뜯는 여름밤. 나는 자꾸 눈물이 나더라. 꿈속에선 아편꽃들이 수없이 피었다 지고, 눈물 같은 비가 온몸을 적시더라. 괴롭게 몸을 뒤척이는 새벽, 졸음에 겨운 눈을 떴을 때, 아버지 빈 물대접에 말없이 고이는 한탄강의 슬픈 물.

추억의 1학년 3반

1. 개꿈

어젯밤 꿈엔
초등학교 교과서에서 보았던
영희와 철수가 결혼식을 올렸다.
영희는 흰 드레스에 도시락만한 가방을 메고
철수는 까만 제비양복을 입었는데
넥타이가 구두끈으로 만든 팽잇줄이었다.
우리 1학년 3반 코찔찔이들이
모두 점잖은 어른이 되어 참석했다.
국어책도 읽지 못했던 창호의 목소리—
다음엔 주례 선생님의 말씀이 계시겠습니다.
교장 선생님께선
빛나는 대머리를 높이 쳐드시더니
책상 속에서 무엇인가를 꺼내
큰 목소리로 읽으셨다.
"바둑아, 바둑아. 나하고 놀자."
바로 그때 어디선가
바둑이가 멍멍거리며 튀어나와
열심히 영희를 바라보는 내게 달려들어

코를 물어뜯는 것이었다.
나는 놀래서 잠이 깼다.

2. 시간의 감옥

나는 왜 아직도 추억의 1학년 3반을 벗어나지 못하는가. 잔인하도다, 추억이여. 늙은 여우처럼 교활하게 고향을 돌아보게 하다니! 고단한 육신이여, 오늘은 낡은 기차를 타고 풀풀 먼지를 날리며 추억의 1학년 3반으로 가자. 삐걱이는 복도를 지나 만국기가 펄럭이는 시간의 감옥에 갇히자. 즐겁게 얼음의 시간을 녹이자. 조개탄의 매캐한 유황 냄새가 코를 찌르는, 밤이면 박쥐가 튀어나오는, 이미 사라지고 없는 교실에서 무릎을 꿇고 얼굴을 들지 못하는 1학년 3반 원구식을 해방시키자.

3. 당신

당신이 세상에서
가장 아름다운 풍금소리를
알고 있다면,

저는 세상에서 가장 슬픈
기적소리를
알고 있지요.

희미한 안개 속에
눈을 뜬 풍금소리가
책상이나 걸상,
혹은 길 건너
플라타너스 같은 나무에 부딪혀
눈물의 원천인
정거장의 물탱크를 울릴 때
세상에서
가장 아름다운
풍금소리가 나지요.

철없는 기차는 칙칙거리며
물 먹은 돼지처럼
꽤액 꽤액—
요동을 치지요.
바로 그때

거짓말처럼 안개가 걷히고
당신의 등 뒤로
돌아볼 아무 약속도 없이
희끗희끗한
눈발이 날리지요.

사랑하는 당신, 저예요.
1학년 3반 원구식예요.

신부

1
천둥치는 여름밤—
빠진 머리칼 투성이로 네가 돌아왔구나.
성황당에 옥색 회장저고리 벗어주고
삼신당에 남색 겹치마 벗어주고
저승 같은 숲을 지나왔구나.
쑥대밭을 지나왔구나.
열 두 개울 휘휘 도는 물굽이
물귀신들 유혹을 뿌리치고 왔구나.
외나무다리 건너 가시덤불을 헤치고
맨발로 맨발로 왔구나.

2
너를 향해
나 한 걸음도 나가지 못했구나.
얼음의 시간,
시간의 감옥을 즐겼으니
타락이구나, 영혼의 쓰레기통에 코를 박은
돼지로구나, 야생의 들개가 아니라
사육된 시간의 노예였구나.
게으른 몸으로
늙은 살가죽으로 사랑을 꿈꾸었으니
욕망이 아니라 욕심이었구나.

3

얼음의 시간을 깨고 내가 간다.
너의 혼곤한 잠 속으로
애타는 너의 꿈속으로 내가 간다.
슬픔의 바다를 지나
인연의 사슬을 끊으니
천년의 빙하가 물처럼 흐르는구나.
세상의 불빛이 아직 꺼지지 않았으니
너무 늦었다 하지 마라.
내 일찍 인생을 탕진하여
사랑이 부족하다면
어둠의 힘으로 너를 사랑하리.
길 없는 길을 지나
한 숨도 쉬지 않고 내가 왔다.
자, 이제 슬픈 노래를 불러 다오.

껍질의 노래

시여,
내가 안타까운 시간을
책을 읽지 않고 권태로 일관한 건
오로지
지나칠 정도로 섬세한 자존심과 오기 때문이었다.
나는 낮은 목소리로
껍질뿐인 노래를 부른다, 권태여, 나의 무기여.
생각 없는 몸뚱어리들이여.

제2부
마돈나를 위하여

상처의 힘

상처가 세상을 지배한다.
그를 조심하지 않으면 안 된다.

털

쾌락으로 가는
길목에 털이 있다. 궁창이 열리고
땅이 혼돈을 멈추었을 때, 가장 나중에 만들어진 인간을
가장 나중에 완성시킨 건, 아무래도 털이다. 당신이 떠나고
세상에서 가장 싼값으로
인생을 구겨버리고 싶을 때, 낡은 침대나
주전자 옆에서 꼼지락거리는
털.
윤기가 잘잘 흐르는 털. 궁창이 열리고
혼돈이 멈춘 메마른 땅을, 촉촉하게 완성시킨 건
아무래도 풀이다. 땅의 털인
풀.
욕망이 없다면
땅이 풀을
풀이 땅을 간지럽히지 않았겠지.
아, 시원해.
물 먹고
주전자 옆에 야구르트 먹고
아, 개운해.
날이 저물고

바람이 불면
빼빼마른 창녀들이
잠자리처럼 날아다니겠지.
궁창이 열리고
땅의 혼돈이 시작되겠지.

마돈나를 위하여

주님,
2000여 년 전 당신이 정죄하지 않은 이 여인을
돌로 내려치는 이상한 사람들이 있습니다.
(제가 참으로 이해하기 힘든 것은 이들이
매우 도덕적이고 학식이 높으며
고매한 인격의 소유자들이라는 사실입니다)
이들이 서명한 성매매특별법이
단 한 명의 반대자도 없이
세계의 변방, 대한민국의 국회를 통과했을 때
저는 그저 숨어서
이 여인을 사랑했던
한 마리 바퀴벌레에 지나지 않았습니다.
이 법이 시행에 들어간
2004년 9월, 끔찍했던 어느 하루,
저는 더욱 한심스럽게도
이 여인의 곁을
몰래 떠나버렸습니다, 아무런 기별도 없이!

주님, 이 법으로 인해
저와 이 여인의 사랑은 끝났습니다.

절대빈곤에서 벗어나고자 애쓰는 이 여인은
이제 벌거벗은 몸으로
이마에 주홍글씨를 붙이고
당신 앞에, 우리들 앞에 섰습니다.
병든 아버지의 약값도 없이,
어린 동생의 등록금도 없이,
생의 마지막 출구가 막힌 사람처럼
법의 심판대에 섰습니다.
양극화를 해소하자는 이 나라의 위정자들이
이 여인을 위해
무엇을 했는지 저는 아는 바가 없습니다.

주님,
일찍이 법률만능주의자들의 천국인 청교도의 나라에서
금주법이라는 이상한 법률이
오히려 알콜 중독자들을 양산하고
마피아 같은 조폭들을 길러내,
당신의 어린 양들을
살인과 폭력과 광기 속으로 몰아넣었음을
고매한 입법자들이 기억하게 하소서.

모든 술의 판매를 금지하는 이 도덕적인 법률로 인해
대도시는 무허가 술집으로 넘쳐나고
공무원들의 부패는 생쥐처럼 교활해졌으며
대공황이라는 전대미문의 가난이 이 나라를 습격했음을
몽매한 우리의 위정자들이
하나도 빠짐없이 깨닫게 하소서.

그리하여, 지구의 변방,
머리에 붉은 띠를 두르고 툭하면 대~한민국을 외치는
이 나라의 도덕적인 법률이,
성폭력범들과 양아치들을 양산하고
꽃다운 처녀들을 외국의 사창가로 내모는 주범임을
선량한 유권자들이 알게 하소서.
이제 실업자들이
빈 택시처럼 길거리를 배회하고
수많은 기업과 자영업자들이 문을 닫을 것이며
밤거리는 소돔보다 더한
퇴폐의 매음굴로 변할 것입니다.
나약하기 이를 데 없는 시인의 예지로 단언컨대
열심히 살고자 애쓰는

이 나라의 모든 남성들을 범법자로 만드는 이 법이
조속히 폐지되지 않는다면!
바닥을 친 경제는
깊이를 알 수 없는 나락으로 떨어질 것이며
국회의사당 꼭대기엔 에이즈의 검은 그림자가
성스러운 깃발처럼 펄럭일 것입니다.

주님,
2000여 년 전 당신이 정죄하지 않은 이 여인이
설사 쾌락과 방종을 추구했다 할지라도
당신의 귀하고 착한 어린 양임을 잊지 마소서.
저는 토끼처럼 놀라 어쩔 줄 모르는 이 여인에게
오늘도 다가가지 못했습니다.
세상의 이목이 두려워
이런 시 나부랭이조차 발표하기를 주저하는 심약한 제가
이 여인을 사랑할 수 있도록 용기를 주소서.
변변한 먹거리도 없이
전쟁의 폐허가 휩쓸고 간 이 나라를
오늘의 반석 위에 올려놓은 착한 백성들을 위해,
희미한 형광등 아래

얼굴에 분을 바르는 저의 마돈나를 위해
내려 주소서,
우리들의 어리석음을 벼락같이 일깨워 줄
새로운 선지자를.

싹

아, 나는 가엾게도
꿈에서 깨어나고 말았구나.

피는 꽃의 말

꽃밭 중에서 햇볕도 들지 않는
구석 돌 틈에 핀 내 모습은
다른 꽃들 이파리에 가려
잘 보이지 않는다.
바람도 잘 들지 않는다.
님의 모습도 보이지 않는다.

내 간절한 소망은
어쩌다 바람이 옷깃을 스치듯
님이 나를 한번 보아주시는 것.
우연히 아주 우연히
님의 단추나 넥타이 핀 같은 것들이
내 곁에 떨어져서
그걸 주으시려다
나를 한번 보아주시는 것.

이러한 내 소망이
냉정히 사라져도
나는 님을 위해 피는 꽃.
님이 보아주는 꽃이 아니라

님을 위해 열심히 열심히 피는 꽃.

치정

떼어 버릴 수도 없고,

아니, 그렇다고 해서

같이 살 수도 없는

치질 같은 사랑이 있다. 깊은 밤

고통 속에 홀로 일어나

튀어나온 치질을 밀어 넣을 때, 문득,

창밖에 흩날리는 눈. 치자꽃보다

희디흰 눈. 무릎을 꿇고

잘못했다, 용서해라,

지난 시절 내가 키운 것은

사랑이 아니라 원한이었구나. 수없이

빌면서, 나는 또 속으로,

이루어지지도 않을

지독한 결별을 준비했다.

치정이여, 사랑의 말기암이여.

이제 그만

나를 놓아줄 수 없니?

지상의 낙원
― 승냥이의 말

1

마돈나,
한없이 성스러운 나는,
낡은 게시판들이 덜거덕거리는
너의 슬픈 홈 페이지를 떠나지 못하네, 아직도.
너의 머리칼 하나
남아 있지 않은 이 곳도
한땐 꽃들이 만발하였고
홍등의 밤들이 가로등처럼 즐비하였었지.
마른 하늘에서 번개가 떨어지고
교활한 이리들의 발톱이 살갗을 뚫고 나온 밤,
마돈나, 너는 온몸에 화살을 맞고
이 도시를 떠났던 거야.
그날 이후 내 삶은
의미 없는 백짓장,
세상에서 가장 차고 어두운 바닥에 버려진 몸뚱어리!
(그런데 나는 왜
조금도 슬프지 않은 거야)

2

마돈나, 언제
내가 말하지 않았던가.
내가 비록 실패한 인생인 것은 사실이지만
광화문에서 오토바이로 10여 분밖에 안 되는 곳에
제법 그럴듯한 아파트 한 채를 갖고 있다는 것을.
언젠간 재개발이 되어
좀더 그럴듯한 곳으로 이주하리라 생각하지만
난 그걸 원치 않아.
산꼭대기에 있는 이 아파트에서
세상을 내려다보는 재미를 넌 모를 거야.

마돈나, 난 이 곳에
널 데려오고 싶었어, 딱 하룻밤만.
난 요리를 무척 잘하거든.
내 옷장 속엔 한 번도 쓰지 않은
신성한 홑이불이 있어.
만약 내가 가까이 가기를 원치 않는다면
나를 문 밖에 세워 놓고

안에서 문을 잠가도 괜찮아.
나는 옥상으로 올라가
승냥이들의 별이 회귀하는 새벽을 기다리며
너를 위해 기도할 거야.
마돈나, 그럴 리가 없겠지만, 혹시 네가 만약
계속 나와 살기를 원한다면
나는 우매한 성자들이 설파한
지상의 낙원을 네게 줄 수 있어, 매일 밤, 아니 영원히.

3

마돈나, 슬프게도 나는
이 도시에서 살아남기 위해
여자들을 건드려야 했지.
너도 알잖아, 한번 말문이 트이면
조금도 빈틈없이 꽂히는 내 눈빛을.
전혀 알아듣지 못하는 말에도
고개를 끄덕이는 뻔뻔함을.
사랑한다거나 혹은 더 이상 참을 수 없다거나
이런 유치한 말들을 파도처럼 타넘으며

원하는 것을 손에 넣고야 마는 야수의 습성을.

마돈나, 내가 이 밤도
너를 그리며 승냥이처럼 울부짖는 까닭은
네가 뭇 남자들에게 짓밟히면서도
내게 끝끝내 몸을 허락하지 않았기 때문이야.
그로 인해 천박한 내 영혼이
구원을 받았기 때문이야.
그래, 나도 알아.
한번 꼬이면 다시 풀리지 않는 인생이 있다는 것을.
마돈나, 이 밤이 가기 전에
리플 달아줘.

서울야곡 2002

1
정충보다 더러운 곳에 버려지는 것은 없을 것이다.
휴지에 싸여 더럽기 그지없는 쓰레기통에,
냄새나는 무책임한 하수구에,
때로는 변기 속에 머리를 처박고
죽음의 유영을 할 것이다.
폐기된 욕망의 찌꺼기는
세상에서 가장 더러운 곳에 버려지는 법!
의심하지 마라,
세상에서 가장 큰 쓰레기통이
그대 머리 위에 있음을.

2
정충의 집보다 안락한 곳도 없을 것이다.
따뜻한 양수 속에
자잘한 물방울들이,
이유도 없이 뽀글거리며
산소를 터뜨려 주는 어머니의 자궁.
골고다의 언덕보다 단단한 골반이
생명을 보장하는 그 곳.

태고의 미역줄기들이 하염없이 떠도는 그 곳,
따서 먹으면 세상의 모든 근심이 사라지는 그 곳,
의심의 눈초리가 가득한 몸뚱어리를
안심하고 터억 맡길 수 있는 그 곳.
그리하여, 세상에서 가장 깊은 잠을 잘 수 있는 그 곳.

3
봄비를 맞으면서
정충처럼 남산을 걸어갈 때,
나는 보았다.

하늘 아래 가장 많은 십자가들이 번쩍이는 서울의 붉은 밤을. 신생의 아침은 혼돈 속에 오는 것. 세상은 좀더 썩어야 할 것이다. 역사도 사랑도 이데올로기도, 더 이상 썩을 것이 없을 때까지 썩어야 할 것이다. 그리하여 생의 종결자가 더 이상 두드릴 배신의 뒤통수가 없을 때, 신생의 아침이 정충처럼 꿈틀거리며 서울의 자궁을 두드릴 것이다.

아,
어느 님이 버리셨나.

하루가 천 날 같은,

천 날이 하루 같은, 혼돈의 꽃다발을….

제3부
우주는 나의 감옥

정밀한 숲

나는 정밀한 숲을 노래한다. 그것은 죽음의 집. 째깍거리는 시계. 집적된 시간의 톱니바퀴들이 모여 숲이라는 거대한 기계를 돌린다. 어린 나이에 세상의 모든 것을 알았지만, 어리석게도 나는, 아, 정말 어리석게도 나는, 숲이 만들어내는 시간의 입자들이 무엇을 의미하는지 몰랐었다. 얼음보다 차가운 이성으로 말미암아 천박한 자신을 한없이 경멸하고, 껍데기뿐인 육체를 세상에 내보내 즐겁게 학대하였다. 그러나 지금은 아니다. 고백컨대, 빛나는 정신만이 세상을 구원하리라는 나의 신념은 그릇된 것이었다. 보라. 빛의 입자이며, 물의 노래이며, 주인 없는 공기의 주인인 시간의 톱니바퀴들을. 그들이 돌리는 정밀한 숲을. 그 속에 집적된 모든 과거와 현재와 미래의 은밀한 내부를.

우주는 나의 감옥

1

우주는 나의 감옥. 천국의 유물이 줄줄이 이어지는 밤하늘은 나의 지옥. 나를 한없이 개방시키는 자유는 나의 무덤. 나는 개방된 감옥에 갇혀 있네.

개방은 나를 가두기 위한 속임수 ——
나를 한없이 개방시키며
한없이 고립시키는 우주는 나의 감옥.

2

나는 게으른 사냥개.
시간의 감옥을 어슬렁거리네.
한때 누구보다 경이로운 눈길로
밤하늘을 우러러보았지만
이젠 그러지 않네.
한없이 개방된 감옥에서
자유는 이미 자유가 아니며
신비로움은 이미 신비로움이 아니네.

천국의 유물도
우주의 금빛 노을도 이젠 소용없네.
망각이 위대한 힘을 주었으니
내겐 오로지 찰나만 있을 뿐!

나는 방황의 야전 사령관

1
마돈나,
아직도 밤의 목거지를 돌아다니고 있느냐.
오늘은 불꺼진 전광판 뒤에서
낡은 쓰리 디처럼 가물거리는 너를 보았다.
시간의 검은 구멍이 도처에서 꿈틀거리는구나.
휴지보다 못한 주식을 어서 날려버리고
만국기가 펄럭이는
추억의 1학년 3반*으로 가자.
지독한 황사가 오기 전에.
노회한 정치가들의 혓바닥이 더 날름거리기 전에.

마돈나, 아직도 새벽이 멀었느냐. 눈물을 거두려무나. 나는 상징의 숲을 빠져나온 직유의 원숭이. 수많은 책을 읽은 마초. 내게 무엇을 말하려느냐. 휴지보다 못한 주식이 연일 상종가를 때릴지라도, 보아라, 산 자의 머리 위에 죽은 자의 황사가 휘날리니, 헛되도다, 모든 것이 흙으로 돌아가는구나.

---
* 추억의 1학년 3반 : 본인의 졸시

2
마돈나,
밤의 목거지와 같은
너의 창백한 얼굴에 기대어
아직도 시를 쓰고 있는, 나는
방황의 야전 사령관,
더 이상 화려할 수 없는
삼류 인생.

마돈나, 나의 방황이 부질없는 모래 사막을 이룰지라도, 너의 자궁이 낙원을 향해 열려 있으니, 젖과 꿀이 흐르는 향락의 밤이 내 것이로구나. 천국의 유물이 산재한 지상의 낙원이 여기서 멀지 않구나. 마돈나, 눈을 들어 나를 보려마. 나는 모든 백조들의 오빠, 돼지코보다 강한 탐욕의 성기를 소유한, 기다리기의 영원한 명수.

마돈나,
나의 신부,
나의 아바타….

네안데르탈

1

이상한 밤이었다.
나는 숲에서 두려움에 떨며 무엇인가를 기다리고 있었다. 그것은 어떤 말, 혹은 미지의 신호 같은 것이었다. 나는 이미 알고 있었다. 그것은 아주 멀리서 격렬한 힘으로 나를 덮칠 것이다. 그 격렬함에 사로잡히지 않으려고 부르는 순간의 노래. 나는 세상을 바라보는 신비한 눈을 가진, 그러나 결핍된 은자처럼 무심히 밤하늘을 올려보았다.

바로 그때
하늘의 별들이 신비로운 운행을 멈추고
일제히 숲으로 쏟아져 내리는 것이었다.

2

그날 이후,
최초의 흔들림은 이 곳에서 비롯될 것이다.
그 흔들림이 말씀으로 기록되면
많은 아버지들이 숲에서 걸어나올 것이다.

다리가 짧은,
등이 굽은, 그러나 오랑우탄보다
강한 턱뼈를 가진 아버지들이
휘둥그래진 눈으로
새로운 세상을 바라볼 것이다.
최초의 시간은 저기 저 뾰족한 산정에서
깊이 패인 골짜기를 따라
물처럼 흘러내릴 것이다.
그 길을 따라, 때로는 화산의 용암이
때로는 거대한 얼음이 추억처럼 지나갈 것이다.
가엾은 아버지들은 불의 뜨거움 속에서
기나긴 얼음의 시간을 보내지 않으면 안될 것이다.
오랜 시간이 지나
시인들이 아버지의 말씀을 노래하면
신화가 게으른 굼벵이처럼 꿈틀거릴 것이다.
불에 타고
얼음에 찢긴 숲은 그래도 여전히
산 아래 강을 키우고,
물고기와 산 짐승들을 끊임없이 보내줄 것이다.
그리하여 빛바랜 신화가 문자로 기록되면

오래된 벽화와 함께
이 시가 발견될 것이다.
사람들은 이 시를 해석하기 위해
내가 숲에서 사색한 시간보다
더 많은 시간을 소비해야 할 것이다.
그 사이 그들의 이마 위에선
문명의 시계가 쉬지 않고 뚝딱거릴 것이다, 성자의 불알처럼.

3
나는 시간의 톱니바퀴이며
사색의 오랜 친구인 침묵의 노래이다.
나의 노래는 원시의 강물이며
그 힘이다.

보라,
노래하는 힘의 원천이며
모든 짐승의 아버지인 시간의 검은 구멍을,
그 속으로 사라지는
순간의 노래를.

누군가 그 끝에서
아직 녹슬지 않은 시간의 엔진을 돌리고 있다.

성스러운 필터를 위하여

1

필터,
필터, 필터…

정수기의 필터
니코틴을 걸러주는 담배의 필터
먼지를 제거하는 공기정화기의 필터

필터,
오, 필터…

2진법의 필터인 컴퓨터를 아시는지요? 역사도, 사랑도, 이데올로기도, 적과 동지도 이 필터 속에선 영락없이 2진법이지요. 한없이 신성한 시인의 영혼도, 위대한 독재자와 멍청한 대통령의 노래도, IMF 한파에 거리로 내몰린 실업자도 모두 0과 1이지요. 느낌도 냄새도 맛도 없는 이 0과 1이 세상을 지배하지요. 가엾은 우리 어머니가 매일 보는 TV 속에도, 아내의 손때 묻은 냉장고와 세탁기 속에도, 지금 당신이 몰고 있는 자동차 속에도, 당신의 자동차를 멈추게 하는 신호등 속에도 이 2진법의 필터가 들어 있지요. 이 필터가 없이 지하철이 움직일 수 있을까요? 아니면 은행이, 거대한 공장이, 지도자가 바뀐 공화국이 제대로 돌아갈까요?

필터,
필터, 필터…

2

인류 최초의 필터인 손가락을 아시는지요? 먹을 것을 골라 입에 넣어준 고마운 필터지요. 흙과 돌을 고르고, 도구를 만들고, 적을 치고 연인을 어루만졌을 이 필터 없이 우리가 오늘의 문명을 누릴 수 있었을까요? 콧털이란 필터 없이 폐가 온전할 수 있을까요? 신장이란 필터가 오줌을 만들지 않고 우리가 살 수 있을까요?

아,
어느 하루 그 무서운 날
전기가 끊기고
가스가 나가고

수돗물이 나오지 않아 세수도 못하는 그날
엘리베이터가 멈추고
자동차의 시동이 걸리지 않는 그날
주민등록이 말소되고
은행의 예금과 주식이 사라지는 그날
어디선가 비행기가 떨어지고
미사일이 날아오는 그날

저는 창가에 앉아 고장난 필터처럼 덜그덕거리는 애인을 위해 담배를 피우고 술을 마시고 노래를 부르겠지요. 그 사이 수없이 많은 숲이 잘려 나가고 공장의 폐수가 흘려지고 방사능이 유출되겠지요. 그러나, 안심하세요. 세상의 모든 오염을 농축해 저장하는 인간이란 성스러운 필터가 있으니까요.

필터,
오, 필터…

빙산

최초의 시간은 얼음 속에 있다. 시간의 자궁을 생쥐처럼 들락거리는 비유의 천재들이여, 인간의 영화가 덧없다 하지 마라. 내 오늘 옷깃을 여미고 낡은 비유를 접노니, 하나님의 빵이 쪼개지 듯, 아직 말해지지 않은 언어가 땅에서 떨어져 나와 지존의 몸으로 부르는 노래를 들어라. 땅을 뚫고 솟아오른 불의 심장, 채 뛰기도 전에 얼어버린 불의 심장이 희디흰 거품을 내뿜으며 뚝딱거린다. 주체할 수 없는 시간이 이제 곧 얼음의 감옥을 날려버릴 것이다. 우리의 청춘도, 영화도 그렇게 쪼개질 것이다. 흔적도 없이 사라질 것이다. 그러나, 흐르는 시간에 몸을 맡긴 채 오로지 보기 위해 존재하는 견자의 눈이 있다. 지존의 몸으로 노래하는 시인이 있다. 아직 불리어지지 않은 노래가 저 얼음 속에 있다.

제4부
헤겔의 왈츠

별

모든 것 가운데 이것이 가장 아름다운 것이다. 이것은 최소한 필요할 때 켜지고 꺼지는 불이 아니다. 삶이 우리에게 즉각적인 대답을 요구할 때, 하늘에서 빛나는 별, 상징처럼,

조용한 물
―― G선생께

당신이 제게 준 빵에 대하여

그 빵이 탕아에게 일으킨 기적에 대하여

당신이 준 에덴산성에 대하여

에덴의 짙은 안개와 눈꽃에 대하여

잊을 수 없는 천사들에 대하여

은전 삼십에 당신을 팔아넘긴 유다를

당신의 막대기로 쓰시는 까닭에 대하여

나는 쓰지 않으면 안된다,

부활의 첫 이삭이 땅에 떨어지기 전에.

선생님,

저는 사납고 강한 것을 좋아했습니다.

거치른 폭력이나

세상을 일순간에 정지시키는

전쟁을 좋아했습니다.

거대한 배를 가라앉히는

폭풍이나 해일을 좋아했습니다.

저의 어리석음은 이렇게 끝이 없었습니다.

세상은 이런 저에게

밥과 빵과 휴식과 안락을 주었습니다.
아, 그러나 혁명이 세상을 바꾸는 것은 아니지요.
화염병이, 달콤한 선동이
저 엄청난 폭풍이, 위대한 정치가가
세상을 부활시키는 것은 아니지요.
전쟁이, 태풍이,
화산의 용암이 휩쓸고 간 세상을
파랗게 물들이는 것은 조용한 물이지요.
이 나무에서 저 나무로
말없이 걸음을 옮기는 조용한 물들이
밥과 빵과 휴식과 안락을 주지요.
어리석은 우리들에게.

들어올림에 대하여

1
신화의 새벽을 깨고
당신은 정말 오시는 겁니까?

당신은 파도를 잔잔케 하시고 물 위를 걸으셨죠. 장님과 문둥이를 고치시고 앉은뱅이를 일으켜 세우셨죠. 죽은 자를 살리신 당신이 오셔서 믿는 자를 들어올리신다니 정말 가슴이 설레입니다. 그러나, 믿지 않는 자도 들어올리세요.

가난한 자만 들어올리지 마시고
부유한 자도 들어올리세요.
우월감에 가득 차 툭하면
남을 정죄하는 도덕주의자도 들어올리세요.
부정한 세리도 들어올리세요.
위선에 가득찬 독재자들과
멍청한 지도자도 들어올리세요.

2
아, 천사들의 나팔소리가 들려옵니다.

타락한 영혼의 소유자인
저는
감히 묻습니다.

당신이 오셔서
들어올리시지 않으면 ——

　분칠한 창부들과 쾌락에 빠진 탕아들은 모조리 지옥의 불을 맞아야 하나요? 도박으로 가산을 탕진한 노름꾼들과, 인신 매매를 한 경찰관들과, 자식을 버린 부모와 그 불효한 자식들은 소리없이 티끌로 사라져야 하나요? 타락한 성직자들과 거짓 예언가들은 하나도 빠짐없이 까마귀 밥이 되어야 하나요? 자식을 위해 예배당에도 가고, 절에도 가는 우리 어머니들과 이제 막 세상에 태어난 이교도의 아기들은 어디로 가야 하나요? 당신이 오신다니 당신은 누구를 위해 오시는 건가요? 저들이 모두 사망의 골짜기에 놓여야 한다면, 아, 정말 그래야 한다면, 당신 때문에 온 나라의 아기를 다 죽인 헤롯의 심판과 당신의 심판은 어떻게 다른 건가요?

　이제

당신이 버리면

누구도

갈 데가 없습니다.

이 세상 전부를 들어올리세요.

해방촌

　머지않은 장래에 창녀가 될 계집애를 끔찍이 사랑했던 시절이 있었다. 피리 같은 골목을 지나, 다 쓰러질 것 같은 적산가옥 양지바른 시멘트 벽에 기대어, 지금도 울고 있을 그 계집애. 아, 내 청춘의 막장이었던 해방촌. 학교는 가지 않고, 미래의 양아치를 꿈꾸며 열심히 내공을 쌓던 곳. 한번 가서 다시 오지 않는 그 계집애.

나는 열두시 때문에 시계를 차지 않는다

나의 열두시엔 정오가 없다.
모든 술집이 일제히 셔터를 내리는
자정만이 나의 열두시다.
열두시엔 박정희 장군이 살아 있다.
통행금지와 거리를 달리는 백차가 있다.
시월유신의 흉흉한 그림자가
펄럭이지 않는 열두시는 열두시가 아니다.
앵앵거리는 사이렌 소리와
계엄군의 군홧소리,
내 심장은 초침보다 정확하게
하낫 둘 하낫 둘
섹스도, 걸음도, 밥먹는 것도 하낫 둘 하낫 둘
조금도 틈을 주지 않는 열두시.
세상의 모든 시계를 부셔버릴 거야.
열두시를 없애버릴 거야.
하나도 남김없이 죽여버릴 거야.
아 이것도 열두시 안에 마쳐야 해.
식은 땀을 흘리며 깨어나면.
어김없이 내 뒤통수를 후려치는 시곗소리.
나는 시계를 차지 않는다 열두시 때문에.

낡은 교과서

나는 그들이 버린 낡은 교과서를 알고 있다. 사랑에 빠진 젊은이는 결코 혁명가가 될 수 없다는 낡은 교과서. 애인과 헤어지고 이불 속에서 울며 읽었던 낡은 교과서. 아, 연탄불을 갈아가며 숨어 살던 흑석동. 다시 가보니 닥터 지바고보다 지독한 눈이 내리고, 지적 오만이 병처럼 꿈틀거렸다. 나보다 가진 게 없던 자들이 밥을 먹여 주던 시절. 어디쯤일까. 비닐에 묶어 파묻었던 낡은 교과서. 이제는 늙어 목이 쉰 낡은 교과서.

헤겔의 왈츠

지금 내가 추고 있는 이 춤은
혁명의 밤에서 비롯된 것이라네.
슬프지 않나?
바스티유가 부서져나가고
말을 탄 유럽의 정신이
조금도 거침없이!
당~당하게,
예나에 입성했을 때
철이 없는 우리 선생님은
점령군의 삼색기를 보고 기뻐하셨다네.
그러니까 이 춤은
살이 떨리도록 아름다운
저 깃발 속에서 흘러나온 것이라네.
예나 지금이나 사람들은
혁명과 상관없이 죽는 법.
도도하기 이를 데 없는 자유 평등 박애의 왈츠도
러시아의 눈보라에 얼어붙고 말았다네.

난세였다네.
영웅들이 몰락하고

그들의 여자들마저 순결을 내놓아야 하는 밤,
고독한 영혼을 소유한 우리 선생님이
마침내 세상을 구원할 새로운 춤을 개발하셨다네.
이름하여 정·반·합의 왈츠!
모순을 위한 모순의 춤!
놀랍지 않나?
느리고 무딘,
손재주라곤 전혀 없는 우리 선생님이
무엇이든 갖다대기만 하면 척척 열리는
만능의 스텝을 개발해 내실 줄이야.
오, 살이 떨리도록 아름다운 밤,
숨가쁜 유럽은
새로운 삼색기로 펄럭이고
철이 없는 유학생들은
해방의 춤을 조국으로 실어날랐다네.
예나 지금이나 사람들은
혁명과 상관없이
변증법적으로 죽는 법.
말이 어눌한 우리 선생님은
난세의 구경꾼답게

그저 무심히 눈을 감으셨다네.

지금 내가 추고 있는 이 춤은
혁명의 밤에서 비롯된 것이라네.
슬프지 않나?
제국이 무너지고
고독한 춤꾼이었던 청년 마르크스가
한쪽 구석에서
누더기가 된 변증법의 왈츠를 수정할 때
볼가의 강변에서 태어난 레닌은,
내전에 지친
조국의 인민들을 위해
애수의 러시안 왈츠를 준비했다네.
격렬한 밤이 수없이 지나도
조금도 멈출 줄 모르는 난세의 춤!
그러니까 이 춤은
살이 떨리도록 아름다운
붉은 깃발 속에서 흘러나온 것이라네.
예나 지금이나 사람들은
혁명과 상관없이 죽는 법,

철의 장막이 무너지고
도도하기 이를 데 없는 만인의 춤도
이제는 추억의 왈츠가 되었다네.
명심하게.
피가 끓는 붉은 밤이 오면
페스트보다 아름다운 죽음이
왈츠와 함께 시작된다는 것을.

백두대간에 올라 한반도를 노래하다

한반도,
이것은 하나의 반도체.
삼면이 바다로 둘러싸인 마법의 돌.
그 돌을 팔아
5000년 가난을 청산하니,
전도체와 부도체의 조합이
절묘하기 이를 데 없어라.
내 오늘 백두대간에 올라
이 기묘한 조화를 세상에 알리노니
두려워 마라, 오늘의 난세를.
백두에서 한라까지
용암이 솟구쳐 올라
한 번도 바다 밑에 깔린 적이 없는 산하가,
지금 우리들 눈앞에서
원시의 몸뚱어리를
생선비늘처럼 시퍼렇게 퍼덕이며
용트림치지 않는가.

한반도, 너는 최초의 흔들림,
한반도, 너는 집적된 태고의 시간,

한반도, 너는 콩의 원산지,
한반도, 너는 모든 들쥐들의 궁극적인 선조.
한반도, 그리하여 너는 모든 중원의 아버지,
한반도, 너는 섬나라 벌거숭이들에게 예절을 가르쳐 준 은인.

한반도, 그러나,
너는 절연의 반도체.
이데올로기로 남북이 갈라진 불임의 땅.
나는 너를 위해, 너는 나를 위해 투쟁하니
골육상쟁이로구나. 불순물이 첨가된
반도체로구나. 피를 나눈 형제가 아니라
불구대천의 원수로구나.
내 오늘 연약한 시인의 몸으로
백두대간에 올라
절연의 반도체에 비저항의 불을 지피니
의심하지 마라, 새로운 역사가 시작됨을.
왜곡된 역사도,
사이비 민족주의도,
보수꼴통과 좌익선동도,

증오와 분노의 정치도
초전도 전류에 감전될 것이니,
일찍이 동방의 등불이었던 코리아
그 등불이 다시 켜질 것이니,
한반도,
너는 모든 이데올로기의 종착역.
절연의 이데올로기를 녹이는 희망의 반도체.

비천한 상징, 숭고한 알레고리
― 원구식, 『마돈나를 위하여』

권혁웅
(시인, 한양여대 교수)

　원구식은 15년 만에 낸 시집 제목을 『마돈나를 위하여』라고 붙이고, 정말로 그녀에게 시집을 헌정했다. 이 시집의 마돈나는 성모聖母가 아니라 창녀다. 간음하다 예수 앞에 붙잡혀 온 여자, 돌에 맞아 죽을 형벌에 처했으나 예수의 용서를 받았던 그 여자 말이다. 한 중견시인이, 그 긴 세월동안 갈고 다듬은 시편을 창녀에게 바친 소이는 어디에 있을까? "그 까닭은 내가 진심으로 그녀를 사랑하기 때문이고, 그녀가 성의 분배를 통해 세상을 공평하게 만들기 때문이다."(「시인의 말」) 그녀는 제 몸을 성의 제단에 바친 여자이며, 그렇게 자신을 희생함으로써 세상에 성적 평등을 가져다준 여자다. 성의 공유를 통해 세상에 많고 적은 것이 없는 분배를 실현했다는 얘기다. 과연 이 시집에 제목을 준 시는, "성매매특별법"의 제정에 대한 극렬한 반대를 표면에 내세운 작품이다. 성매매특별법은 "성폭력범과 양아치들을 양산하고/꽃다운 처녀들을 외국의 사창가로 내모는 주범"이며, 이 법이 시행되면 "실업자들이/빈 택시처럼 길거리를 배회하고/수많은 기업과 자영업자들이 문을 닫을 것이며/밤거리는 소돔보다 더한/퇴폐의 매음굴로 변할 것"(「마돈나를 위하여」)이다. 이 법은 "이 나라의 모든 남성들을 범법자로 만드는" 악법이다. 물론 이런 비약과 위악僞惡이 시인의 본의일 리가 없다. 여기서 남성중심주의의 시선("이런 주장은 마초나 할 말이야" 운운)을, 혹은 그 시선을 뒤집어 반어로서의 시선("이런 주장 자체를 풍자하는 게 이 시의 목적이야" 운운)을 찾아내는 것은 똑같이 표면만 읽은 것이다. 전자를 받아들이면 시인의 자리가 사라지고(시인은 겁에 질려 그녀를 떠났고, 겨우 시 한 편에 자기주장을 담았을 뿐이다), 후자를 받아들이면 시인의 어조가 뒤틀린다(이 시는 이 나라의 "착한 백성"만이 아니라 "마돈나"를 위해 썼었다).

그렇다면 시인의 자리는 그 중간에 있는 것일까? 차라리 그의 말을 반어의 반어로, 어떤 사이와 왕복의 소산으로 읽어야 하지 않을까? 다시 말해서 성매매특별법이 악랄한 법이라거나 필요한 법이라는 상반된 주장 너머에서, 그런 법이 있거나 없거나 간에 이 땅이 이미 매춘과 매매춘의 굴레 아래 사로잡혀 있다는 현실 인식에 이 시의 초점이 놓인 것이 아닐까? 그 법이 없어도 "절대빈곤에서 벗어나고자 애쓰는 이 여인"은 있을 것이며, 그 법이 있어도 "희미한 형광등 아래/얼굴에 분을 바르는" 이 여인은 있을 것이다. "마돈나"라는 기표는 성모와 창녀를 하나로 묶는다. 그런데 이마저 남성중심주의의 시선에 물들어 있다. 이 시선이 처음부터 세상의 모든 여자를 범접해선 안 되는 여자와 범접해도 좋을 여자로 나누기 때문이다. 미국의 팝가수 마돈나는 이를 합쳐 자신의 기의로 삼았다. 나는 성모이자 창녀다. 그러니 내가 도발하는 것은, 혹은 나를 범하는 것은 근친상간의 짜릿함을 맛보는 일이다. 넘지 못할 선을 넘어 내게로 와라. 나는 동정녀. 당신이 나를 접수하면 나는 언제나 처녀처럼(like a virgin), 처녀로서 당신에게 가겠다. 가수 마돈나는 이 상반되는 짝패를 자신의 앞모습과 뒷모습에 새겼다. 그것은 남성의 시선을 제 안에 우겨넣어 만든 역설이다(반어가 본래의 말과 나란히 놓이면 표면적인 반어, 곧 역설이 생긴다). 원구식이 노래하는 마돈나는 정확히 이 반대의 자리에 있다. 나는 창녀로서 당신의 앞에 있다. 당신은 나를 접수할 수 있겠지만, 내가 옷을 벗는 것은 "병든 아버지의 약값"과 "어린 동생의 등록금" 때문이다. 세상이 지금보다 더욱 강퍅해져서 이 장사마저 못한다면, 나는 외국으로 팔려 갈 것이고 당신은 성폭력범이나 양아치가 될 것이다. 이 시집의 마돈나는 숭고한 동기로 몸을 팔고 비천한 육체로 가족을 부양한다. 그녀의 몸과 마음은, 말과 행동은 다르지만

같은 것이다(역설이 표면의 말과 이면의 말로 나뉘면 구조
적인 역설, 곧 반어가 생긴다).

그러므로 시인의 주장을 있는 그대로도, 그 반대로도 받
아들여선 안 된다. 이 말은 마돈나가 남성중심주의의 시선
과는 무관한 자리에서 이 땅의 현실을 증언하는 제유적 인
물로 서 있다는 뜻이다. 그녀는 모든 남성들의 시선을 끊고,
무매개적으로(정확히는 매개와 반매개가 만나는 자리에서,
혹은 매개와 매개의 사이에서) 존재한다. 우리는 이렇게 보
조적 관념들을 절단한 채 독립한 표상을 상징이라 부른다.
그런데 이 상징은 아주 비천한 상징이다.

    봄비를 맞으면서
    정충처럼 남산을 걸어갈 때,
    나는 보았다.

    하늘 아래 가장 많은 십자가들이 번쩍이는 서울의 붉은
밤을. 신생의 아침은 혼돈 속에 오는 것. 세상은 좀더 썩어
야 할 것이다. 역사도 사랑도 이데올로기도, 더 이상 썩을
것이 없을 때까지 썩어야 할 것이다. 그리하여 생의 종결자
가 더 이상 두드릴 배신의 뒤통수가 없을 때, 신생의 아침이
정충처럼 꿈틀거리며 서울의 자궁을 두드릴 것이다.
                        —「서울 야곡 2002」부분

    정충은 버려지면 쓰레기통에 든다. 나아가 "세상에서 가

장 큰 쓰레기통이 그대 머리 위에" 있다. 정충은 집에 들면 세상 무엇보다도 안락하다. "따뜻한 양수 속에" "어머니의 자궁" 안에 들기 때문이다. 세상이 버려진 정충으로 가득한 곳이고, 어머니의 자궁만이 유일한 안식처라는 말이다. 서울의 야경은 "하늘 아래 가장 많은 십자가들"로 붐비는 곳이다. 그곳은 정충으로 우글거린다. 나 또한 한 마리 정충이었다. "신생의 아침"은 거대한 쓰레기통인 이 세상 속에서 "썩을 것이 없을 때까지 썩어야" 온다. 이 꼬리치며 다니는 징그러운 욕망의 세계를 품을 수 있는 유일한 품이 바로 마돈나의 자궁, 나아가 "서울의 자궁"이다. 그러니까 마돈나가 제 몸을 정충의 쓰레기통으로 만든 것은 신생의 아침을 위한 것이다. 마돈나는 스스로 가장 비천한 자리에 처함으로써 새로운 탄생을 낳는 인물이 되었다. 이로써 마돈나라는 비천한 상징은 숭고한 알레고리로 전화된다.

 미적인 상징, 조형적인 상징, 유기체적 총체성의 이미지에 대립하는 것으로 알레고리적 글쓰기의 형식 속에서 발견되는 무형의 파편들을 인식할 수 있다. ……알레고리적인 직관의 영역에서 이미지는 조각이자 룬문자[북유럽의 고대 문자, 해독하기 어려운 신비 문자—인용자]다. 상징으로서의 미는 신성한 배움의 빛이 그 위에 내려앉을 때, 사라진다. 총체성이란 거짓된 외양도 소멸한다. 이데아가 사라지고 직유가 존재하기를 멈추며, 그것을 포괄했던 우주가 시들어버리기 때문이다. ……극단적인 본질에서, 고전주의는 자유의 결핍, 불완전, 육체적이고 미적이며 자연적인 것의 붕괴를 인정하지 않았다. 하지만 그 화려한 겉모습 아래서, 바로크 알레고리는 예견되지 않았던 강조를 통해, 이 점을 정확히 주장해 왔다."(W. Benjamin, The Origin of German Tragic Drama, trans. by J. Osborne, Verso, 2003, p. 176)

상징이 예술적이고 조형적이며 유기체적 총체성의 이미지를 갖고 있다면, 알레고리는 무형의 파편들이다. 전자가 자유, 완전함, 아름다움을 갖는다면, 후자는 부자유, 미완성, 아름다움의 파괴로 드러난다. 따라서 벤야민의 알레고리는 자유와 완전성, 아름다움으로서의 신화적 상징과 대립되는, 부자유, 미완성, 추로서의 역사적 성격을 갖고 있다. 그것은 완성된 가상이 아니라 파편화된 조각이며, 그로써 역사의 퇴락을 증거한다. 마돈나는 성모이자 동정녀라는 신화적 상징에서 내려와, 어머니이자 창녀라는 역사적 알레고리의 자리에 이르렀다. 사실 상징과 알레고리의 지위는, 알려진 것과는 다르게, 상대적인 것이다. 상징의 생성적인 힘은 보조적 관념들을 통할하는 은유에서 나온다. 상징이 죽은 은유를 품을 때 그것의 생성적인 힘은 소진되고 알레고리로 전화한다. 반면 알레고리의 관습적인 힘은 체계 전체에 짓눌려 있는 죽은 은유에서 나온다. 알레고리가 살아 있는 은유와 접속될 때 그것의 관습적인 힘은 살아 있는 상징으로 전화한다. 그러니까 "마돈나"는 상징으로서는 성모와 창녀를 결합한 죽은 은유, 비천한 상징일 뿐이지만(그것의 생성적인 힘은 가수 마돈나가 이미 소비해버렸다), 알레고리로서는 이 세상의 비천함에서 신생을 낳는 산 은유, 숭고한 알레고리다. 그녀에 대한 사랑에 비천함과 숭고함이 공존하는 것은 이 때문이다.

> 떼어 버릴 수도 없고,
>
> 아니, 그렇다고 해서
>
> 같이 살 수도 없는
>
> 치질 같은 사랑이 있다. 깊은 밤
>
> 고통 속에 홀로 일어나
>
> 튀어나온 치질을 밀어 넣을 때, 문득,
>
> 창밖에 흩날리는 눈. 치자꽃보다
>
> 희디흰 눈. 무릎을 꿇고
>
> 잘못했다, 용서해라,
>
> —「치정」부분

"치질"과 "치정"과 "치자꽃"의 이 자리바꿈! 치질처럼, "떼어버릴 수도 없고" "같이 살 수도 없는" 고통스러운 사랑, 육체의 저 아래쪽에 있는 사랑, 밤마다 남몰래 집어넣어야 하는 사랑은 치정이지만, 언제나 그 치정만이 "치자꽃보다/희디흰 눈"의 순결함을 낳는다. 이 사랑은 비천한 그만큼 숭고한 사랑이며, 퇴락을 증거하는 그만큼 승화된 사랑이다. 이미 독자는 내가 치질을 앓는 다는 사실과 그녀가 몸을 판다는 사실이 같은 수위의 말임을, 둘이 동형同形의 맞상대임을 눈치 챘으리라. 나와 그녀는 시간 속에서 쇠락해 가는데, 이 때의 쇠락은 물론 현실과 역사 곧 공시태와 통시태의 형식으로 동시에 진행된다. 먼저, 현실:

> 마돈나, 내가 이 밤도
> 너를 그리며 승냥이처럼 울부짖는 까닭은
> 네가 뭇 남자들에게 짓밟히면서도
> 내게 끝끝내 몸을 허락하지 않았기 때문이야.
> 그로 인해 천박한 내 영혼이
> 구원을 받았기 때문이야.
> 그래, 나도 알아.
> 한번 꼬이면 다시 풀리지 않는 인생이 있다는 것을.
> 마돈나, 이 밤이 가기 전에
> 리플 달아줘.
> ―「지상의 낙원―승냥이의 말」부분

나는 짐승의 눈빛과 심성으로 살았다. 제목에 떠있는 낙원은 반어지만, 부제를 이루는 "승냥이"는 반어가 아니라, 죽은 은유다. 여기서 알레고리가 생겨난다. "슬프게도 나는/이 도시에서 살아남기 위해/여자들을 건드려야 했지." 그러나 내 욕망은 너로 인해 고결해진다. 너는 "뭇 남자들에게 짓밟히면서도/내게 끝끝내 몸을 허락하지" 않았다. 내가 갈 수 없는, 문 닫은 네 집이 있어 나는 "승냥이"가 아니라 "승냥이처럼" 울었다. 은유에서 직유로의 이런 이행은, 육욕에 자신을 다 내어준 짐승의 삶에서 육욕을 제 속성의 하나로(전체가 아니라) 떼어놓는 반성적인 삶으로의 전회다. 이를테면 "나는 상징의 숲을 빠져나온 직유의 원숭이"(「나는 방황의 야전 사령관」)인 것이다. 그런데도 현실의 쇠락은 끝내 완성되고야 만다. "마돈나, 이 밤이 가기 전에/리플 달아줘." 나는 그녀의 "홈페이지"를 서성거리며, 그녀와의 만남을 꿈꾸는 섹티즌 가운데 하나였을 뿐이다. 혹은 역으로, 인터넷을 관통하는 욕망의 언어로, 끝내 남은 순결 하나를 건져 올렸다고 말해도 좋다. 어느 쪽이든 현실은 그 쇠락의 알레고리를 마지막 표상으로 남겨놓고 무너지고 만다. 다음 역사 :

　　나의 열두시엔 정오가 없다.
　　모든 술집이 일제히 셔터를 내리는
　　자정만이 나의 열두시다.
　　열두시엔 박정희 장군이 살아 있다.

> 통행금지와 거리를 달리는 백차가 있다.
> 시월유신의 흉흉한 그림자가
> 펄럭이지 않는 열두시는 열두시가 아니다.
> 앵앵거리는 사이렌 소리와
> 계엄군의 군홧소리,
> 내 심장은 초침보다 정확하게
> 하낫 둘 하낫 둘
> 섹스도, 걸음도, 밥먹는 것도 하낫 둘 하낫 둘
> 조금도 틈을 주지 않는 열두시.
> ―「나는 열두시 때문에 시계를 차지 않는다」부분

"나의 열두시"는 정오가 아니라 자정이다. 1970년대의 시월유신과 1980년대의 계엄군이 그 한계선을 그었다. "통행금지"는 금지된 시간의 개시開示가 아니라 연속된 시간의 정지停止다. 열두시 이후의 시간이란 없는 것이다. 모든 것은 그 폭력적인 분할에 의해 절단된다. 이를테면 "섹스도, 걸음도, 밥먹는 것도" 모두, 전부 다. 이것은 역사가 그어놓은 금지선이다. "피가 끓는 붉은 밤이 오면/페스트보다 아름다운 죽음이/왈츠와 함께 시작된다."(「헤겔의 왈츠」) 그 너머에는 죽음이 있을 뿐이다. 이 죽음의 춤이야말로 쇠락의 알레고리가 아닌가?

그러나 물론 이게 다가 아니다. 원구식의 비천한 상징, 혹은 숭고한 알레고리는 또 다른 버전을 갖고 있다. 시집의 뒷부분을 가득 채우는 시간(시계)에 대한 상념과 맞짝을 이루는 기원에 대한 상념이 있다. 시집의 전반부가 그렇다.

    당신이 세상에서
    가장 아름다운 풍금소리를
    알고 있다면,
    저는 세상에서 가장 슬픈
    기적소리를
    알고 있지요.

    희미한 안개 속에
    눈을 뜬 풍금소리가
    책상이나 걸상,
    혹은 길 건너
    플라타너스 같은 나무에 부딪혀
    눈물의 원천인
    정거장의 물탱크를 울릴 때
    세상에서
    가장 아름다운
    풍금소리가 나지요.

    철없는 기차는 칙칙거리며
    물 먹은 돼지처럼
    꿰액 꿰액—
    요동을 치지요.

> 바로 그때
> 거짓말처럼 안개가 걷히고
> 당신의 등 뒤로
> 돌아볼 아무 약속도 없이
> 희끗희끗한
> 눈발이 날리지요.
>
> 사랑하는 당신, 저예요.
> 1학년 3반 원구식예요.
> ―「추억의 1학년 3반」 부분

 나의 "1학년 3반"에는 "사랑하는 당신"이 있고, "세상에서/가장 아름다운/풍금 소리"가 있다. 이 기원의 시간은 현실과 역사의 시간과 맞짝을 이루는, 강력한 알레고리다. 그녀의 아름다운 풍금소리는 나의 "물먹은 돼지처럼/꽤액 꽤액―/요동을" 치는 기차소리와 짝을 이룬다. 기차는 물론 탈향脫鄕의 표상이다. 나는 기차를 타고 "영원히 간직하고 싶었던 특별한 밤을 버리고/도망치듯" 그곳을 떠났다. "나는 지금도/낡은 경원선처럼 덜거덕거린다."(「연천으로의 몰입을 위해선 낡은 경원선이 필요하다」) 나는 그 아름다운 시절을 떠나왔다. 이제 당신과 나 사이에 "희끗희끗한/눈발"이 날린다. 기원의 시간에 있던 당신이 현실의 시간에서는 늙었다는 뜻이다. 이 늙은 당신이 물론 마돈나다. 그 해방의 장소를 기리는 시에서, 예전의 마돈나가 얼핏 모습을 드러낸다.

> 머지않은 장래에 창녀가 될 계집애를 끔찍이 사랑했던 시절이 있었다. 피리 같은 골목을 지나, 다 쓰러질 것 같은 적산가옥 양지바른 시멘트 벽에 기대어, 지금도 울고 있을 그 계집애. 아, 내 청춘의 막장이었던 해방촌. 학교는 가지 않고, 미래의 양아치를 꿈꾸며 열심히 내공을 쌓던 곳. 한번 가서 다시 오지 않는 그 계집애.
> ―「해방촌」 전문

이제 알겠다. 시인이 기렸던 마돈나는 그 추억 속에서 숨쉬는, 하지만 현실에서는 영원히 가버린 첫사랑이었음을. "머지않은 장래에" 그러니까(시인도 그녀도) 나이가 든 지금, 그 아름다움을 잃고 현실과 역사 속에서 퇴락한 바로 그 사람이었음을. 기원의 자리에 있는 그녀가 현실의 이곳저곳에서 모습을 드러내고 있음을. 그리고 그 사람에 대한 사랑이 강렬한 현실 비판의 알레고리를 낳았음을. 시인이 15년이란 긴 시간동안 마돈나의 표상을 서성거릴 수밖에 없었던 데에는 이런 사정이 있었던 것이다. 비천한 상징이자 숭고한 알레고리인 그녀 주변을 말이다.

| 원구식 |

경기 연천 출생
배재고 중앙대 숭실대 대학원 졸업
1979년 동아일보 신춘문예 시 부문 당선
시집으로 〈먼지와의 싸움은 끝이 없다〉가 있음
월간 〈현대시〉 발행인
격월간 〈시를 사랑하는 사람들〉 발행인
한국시인협회 이사

이메일 : wonkoosik@hanmail.net

마돈나를 위하여 ⓒ 원구식 2007

초판 인쇄 · 2007년 10월 15일
초판 발행 · 2007년 10월 20일

지은이 · 원구식
펴낸이 · 이선희
펴낸곳 · 한국문연

서울 서대문구 북가좌동 324-1 동화빌라 202호
출판등록 1988년 3월 3일 제3-188호
대표전화 302-2717 | 팩스 · 302-6053
디지털현대시 www.koreapoem.co.kr
이메일 koreapoem@hanmail.net

ISBN 978-89-6104-016-7 03810

값 6,000원

* 잘못된 책은 바꾸어 드립니다.